Você Colhe o Que Planta

Um Estudo Sobre o *Karma*

Antonio Geraldo Buck

Você Colhe o Que Planta

Um Estudo Sobre o *Karma*

EDITORA TEOSÓFICA
Brasília-DF

Direitos Reservados à
EDITORA TEOSÓFICA, Sociedade Civil
SGAS – Quadra 603 – Conj. E, s/nº
70.200-630 – Brasília-DF – Brasil
Tel.: (61) 322-7843
Fax: (61) 226-3703
E-mail: editorateosofica@editorateosofica.com.br
Site: www.editorateosofica.com.br

Você Colhe o Que Planta
Um Estudo Sobre o *Karma*

B922 Antonio Geraldo Buck

Brasília, 2004
ISBN 85-85961-83-X

CDD 212

Capa:
Marcelo Ramos
Diagramação:
Reginaldo Alves
Revisão:
Zeneida Cereja da Silva

Sumário

AGRADECIMENTOS

Aos mestres do passado e do presente que direta ou indiretamente foram a mola propulsora da divulgação popular da Teosofia, nosso preito de gratidão.

Àqueles que conhecidos ou no anonimato mantêm a tocha acesa da Sabedoria Divina nos quatro cantos da Terra, trazendo conhecimento e lenitivo para muitos corações, nossa íntima admiração.

À Loja Teosófica de Piracicaba, que através de seus muitos participantes em todos esses anos, os quais constituíram estímulos fundamentais para congraçamentos intelectuais e espirituais fraternos, o nosso apreço.

Ao casal idealista, Paulo de Castro *(in memorium)* e Noely Domingues de Castro, pioneiros da Loja Teosófica de Piracicaba, a satisfação pelo nosso reencontro nas lides espirituais, somada ao agradecimento pela revisão ortográfica desta obra.

Ao professor Epaminondas S. B. Ferraz, estimulador e um dos materializadores do lançamento do primeiro livro da Loja Teosófica Piracicaba, intitulado *Fragmentos da Sabedoria Arcana*, nosso reconhecimento.

A.G. Buck

PREFÁCIO

Após mais de dez anos participando de cursos, encontros, seminários e jornadas promovidos pela Loja Teosófica de Piracicaba, conseguimos realizar uma aspiração: a elaboração escrita de noções básicas sobre o *karma*.

Muitos freqüentadores dos cursos realizados cobravam para que as palestras fossem transcritas de modo simples e acessível. Tratando-se de temas complexos pela própria natureza, alegavam a linguagem hermética e profunda dos livros que abordam assuntos esotéricos. Múltiplas referências bibliográficas eram fornecidas durante os eventos culturais. Contudo, para o principiante, é comum o desejo de ler algo de modo semelhante ao que foi apresentado pelo palestrante, alegando a facilidade na compreensão e na memorização.

Além desses argumentos, sentimos a necessidade de trazer o assunto em nível "terra-a-terra", para facilitar a fixação mental e conseqüente reflexão, sobre essa Lei Universal de Causa e Efeito.

É do conhecimento dos militantes do ocultismo, as múltiplas facetas, com suas infinitas variáveis, da manifestação da Lei do *Karma*. Por isso, ao tentar simplificar temas tão sutis, peca-se por omissão de dados fundamentais e corre-se o risco de realçar demais aspectos secundários. Conscientes dessas possibilidades, resolvemos arriscar a simplificação de tema tão abrangente, por entendermos que antes de uma pessoa fazer cálculos algébricos complexos, ela necessita previamente ter de conhecer letras e números.

Não prejulgamos os iniciantes que buscam adentrar as fronteiras da Sabedoria Divina. Aliás, não temos condições e muito menos o direito de tal presunção. Quem conhece qual alma é mais antiga, embora tenha menos idade física nessa encarnação? Ou ainda, quem ousa saber as potencialidades que cada ser traz consigo? Quantos são os "trabalhadores de última hora", que superam os mais antigos? Muitos já tiveram vivências bem alicerçadas de Teosofia em outras existências e apenas precisam de pequeno estímulo para "recordarem-se" de assuntos tão transcendentes. Some-se a isso a necessidade de dirigirmo-nos a um público tão heterogêneo, tentando resumir, no campo do intelecto, abordagens não restritas à mente. Muitas concepções sobre o *karma* são susceptíveis de compreensão apenas após muito metabolismo mental no imo de nosso ser. Contudo, o "abecedário" é imprescindível, e isso foi o "catalisador" de nossa aventura, ao escrever esta singela obra.

Livros muito mais profundos e completos existem na literatura espiritualista sobre o *karma* e a esses o estudante também deve recorrer para melhor elucidação. Esta publicação expõe o tema do *karma* para principiantes. Se dos que lerem esta obra, mesmo ainda dentre aqueles que nunca tiveram contato com esse assunto, apenas um leitor tiver interesse em aprofundar-se, depois, nos conceitos *kármicos*, já nos daremos por satisfeitos.

O leitor perceberá como o *karma* é algo inerente ao seu cotidiano. Mais do que procurar compreender mentalmente esse assunto, será extremamente útil tentar senti-lo, por primeiro, através do coração. Dentro das limitações de cada um, leve essa aprendizagem para a vida diária, e a natureza virá confidenciar-lhe "segredos" inimagináveis.

Aos leitores nossos sinceros e efusivos desejos para que este seja apenas um passo inicial, tendente a acelerar a longa caminhada na senda espiritual. Como diz o ditado "a cada passo que damos na direção do mestre, este dá dois passos em nossa direção".

Avante, pois!

KARMA

I. CONSIDERAÇÕES GERAIS

Karma é palavra de origem sânscrita[1] com múltiplos significados:

AÇÃO
REAÇÃO
AÇÃO E REAÇÃO
CAUSA
EFEITO
CAUSA E EFEITO
LEI DA JUSTIÇA DIVINA
LEI DA HARMONIA UNIVERSAL
LEI DA JUSTA RETRIBUIÇÃO
LEI DO RELACIONAMENTO
LEI DO EQUILÍBRIO
LEI DO AJUSTE EVOLUTIVO
LEI DA CAUSA ÉTICA

---

[1] ***SÂNSCRITO:*** Linguagem clássica dos brâmanes, jamais conhecida ou falada em sua verdadeira forma sistematizada, exceto pelos brâmanes, iniciados, por ser eminentemente uma "linguagem de mistério". Definição extraída do *Glossário Teosófico,* de Helena Petrovna Blavatsky.

Podemos afirmar que *karma* é tudo isso e muito mais. Uma palavra em sânscrito tem interpretações múltiplas, abrangentes e profundas, resultando numa dificuldade para expressar em nossa linguagem tudo aquilo que essa palavra significa. Conseqüentemente, o conceito de *karma*, para ser entendido, necessita de reflexões intensas, serenas e profundas. Não devemos reduzir o entendimento a seu aspecto apenas literal. Há que senti-lo, percebê-lo, vivenciá-lo e, até mesmo, enamorar-se da maravilhosa perfeição dessa lei divina.

Compenetrando-se das sutilezas inerentes ao *karma*, afeiçoando-se aos múltiplos matizes coloridos e precisos com que essa lei se manifesta, somos surpreendidos pelos segredos íntimos que ela vem nos contar. Rasgam-se véus obscuros em nossas mentes, ilumina-se a razão, e germina a luz afetiva do recôndito de nossas almas, vislumbrando o alvorecer de horizontes dignos de serem vividos em sintonia com o plano divino.

O *karma* não é bom nem mau, é apenas uma lei universal, neutra. Seus resultados podem ser vistos como prazerosos ou dolorosos. Entretanto, na natureza nada é mau, tudo é bom, e o que chamamos de mau é o bem ainda não desenvolvido. Na escola da vida tudo é aprendizagem visando o enriquecimento de experiências para nossa alma em evolução.

No universo "à toda ação corresponde uma reação igual e em sentido contrário" – é a famosa lei de Newton. Para entendê-la melhor, vamos imaginar uma criança com uma bola de borracha na mão, jogando-a contra a parede. Com quanto mais força (ação), jogar essa bola, tanto maior o impacto no muro e maior a força com que ela voltará para a criança; isto é, maior será a reação. Este é um exemplo de *karma* numa visão bem materialista.

Uma vez desencadeada a ação, há uma tendência à reação, em direção à própria pessoa. Contudo, não é uma fatalidade que inexoravelmente terá de ocorrer. No exemplo citado, a criança pode desviar da bola quando a mesma retornar. Pode ainda colocar uma almofada em si para amortecer o choque da bola em seu corpo! Há a possibilidade dela agarrar prazerosamente essa bola; ou, talvez, pela sua inabilidade, sofrer um ferimento. Múltiplas ocorrências são possíveis, dependendo do procedimento da criança após o desencadear da ação...

Assim é o *karma*, um processo altamente dinâmico, onde uma nova ação pode introduzir novo vetor na reação, modificando seus efeitos.

Isso serve de alerta aos comodistas ao suporem ser tudo fatalidade, destino, e impossível de se modificar. Tudo depende de nossa postura, pois a cada momento estamos colhendo o *karma* semeado no passado; e, no mesmo instante, semeando o *karma* a ser colhido no futuro.

Repetimos: há uma tendência, uma inclinação para a reação acontecer tal qual foi a ação; mas há o livre-arbítrio para alterar os efeitos dessa reação, intensificando-a, atenuando-a, ou até mesmo anulando-a.

... A cada um segundo as suas obras

(Apocalipse XXII, 12)

II. PROPRIEDADES *KÁRMICAS*

1 – *Destino e livre-arbítrio*

Nem tudo é fatalidade e nem tudo pode ser totalmente alterado. No estágio em que a maioria da humanidade se encontra, não há um destino cego, nem uma liberdade total. Predomina uma liberdade condicionada às nossas potencialidades, com variantes sintonizadas com o processo evolutivo no qual cada um está. O exemplo abaixo, embora simples, pode elucidar melhor.

Suponha uma pessoa a iniciar uma viagem de São Paulo ao Rio de Janeiro. Essa viagem deve ser feita a qualquer custo e com os recursos disponíveis. Ora, conforme a condição econômica, seus desejos, sua pressa, seus temores, sua visão da importância desse deslocamento, seus objetivos, e assim por diante, essa trajetória pode ser realizada a pé, de bicicleta, de moto, de carro popular, trem, ônibus, avião etc. O viajante pode parar no caminho, desviar para outra cidade, adiar ou acelerar sua chegada. Muitas opções dependem da pessoa.

O *karma* em questão é uma programação geral, susceptível de mudanças, em consonância com o livre-arbítrio do viajante, associadas às suas potencialidades e perspectivas.

A natureza fornece-nos os recursos indispensáveis para nossa evolução. O modo como utilizamos esses recursos é escolha nossa... Aí entra a liberdade.

Um pintor descortina várias paisagens; tem tinta, pincel, tela, enfim, todo material para realizar uma obra-prima, ou algo insignificante. A escolha da paisagem, a obra a ser realizada, dependem do artista. Assim é a vida: vamos vivenciá-la, conforme os recursos disponíveis, empregando-os de um jeito ou de outro.

2 – Imutável

A lei *kármica* é imutável. Podemos modificar seus efeitos introduzindo novas forças; novas causas alterarão suas conseqüências, mas obedecendo aos mesmos princípios da própria lei. Um novo vetor altera a resultante, mas a lei em si continua inalterável.

Uma pessoa joga uma pedra para o alto, justo na direção do local em que se encontra. Caso continue no mesmo lugar a pedra cairá sobre sua cabeça. Deslocando-se ou colocando um anteparo acima de si, a conseqüência será outra, porque uma nova condição foi introduzida. A lei não mudou, o que mudou foi uma nova condição que alterou a conseqüência; não obstante, seguindo a mesma lei. Daí se deduz:

"Aquele que conhece a lei pode governar-se,
tem o destino em suas mãos;
o que desconhece é governado pela lei".

3 – Universal

A lei *kármica* está presente em todos reinos da natureza. Abrange o macro e o microcosmo. É inerente a todo mecanismo cósmico.

A polaridade, isto é, ação e reação, está na luz e nas trevas; no quente e no frio; na inspiração e na expiração; na sístole e diástole do coração; na força centrífuga e centrípeta; no positivo e no negativo da eletricidade; no masculino e feminino dos reinos vegetal e animal; no fluxo e refluxo das ondas do mar.

Atente para atração e repulsão existente entre os elementos químicos, formando novas substâncias. Essa lei divina é testemunha da onipresença de Deus. Encontra-se manifestada não só na menor partícula como também na mais grandiosa galáxia.

Nesse encadeamento lógico de universalidade *kármica*, a parte é reflexo do todo, o cosmo interage com a parte e vice-versa.

Para buscarem a Deus se, porventura,
tateando o possam achar,
bem que não está longe de cada um de nós.
Pois nele vivemos, e nos movemos, e existimos,
como alguns dos vossos poetas têm dito:
porque dele também somos geração.

(Atos dos Apóstolos XVII, 27 e 28)

4 – Justiça

Sendo o *karma* uma lei universal ela não vai privilegiar países, raças ou agrupamentos sociais; a mesma regra é válida para tudo e para todos. As desigualdades são frutos colhidos da semeadura outrora feita. Ninguém colhe o que não merece, nem recebe além do que faz jus. Todas as outras leis são dependentes dessa lei maior.

Muitas pessoas dizem: tenho uma vida regrada, cumpro minhas obrigações, não faço mal aos outros e, no entanto, levo uma vida cheia de dissabores. Admitindo que isso seja verdade, temos de supor que os desencontros de agora são conseqüências de causas geradas em outra encarnações. A alma que plantou no passado é a mesma que está colhendo hoje, embora esteja revestida de nova vestimenta carnal.

Pelo amor, pelo trabalho ou ainda pela dor, vamos resgatando nossos débitos do passado. A lei não foi violada; apenas estamos saldando nossas dívidas. Em sentido oposto, tudo que fizemos de bom no passado, podemos já ter recebido ou estar agora recebendo; ou, ainda, recebermos no futuro. Isso é justiça divina e é válida para todos.

5 – Eterna

O *karma* é eterno, sem início nem fim, pois está em tudo e no todo, até mesmo no vir a ser da formação dos mundos.

Em nossa limitação de consciência, no campo tridimensional da existência física, percebemos o tempo como uma sucessão de eventos com um aspecto linear: o hoje é fruto de ontem e semente do amanhã. A semente armazena em si toda potencialidade do fruto, assim como o fruto atual é resultante de todas manifestações da semente de ontem. O hoje é semente e fruto ao mesmo tempo, isto é : a nossa colheita também é semeadura.

O hoje é filho do ontem e pai do amanhã. O tempo é o passado e o futuro fundidos num eterno agora. Disso resulta a magnitude de viver bem a todo momento, sem apegos a ressentimentos e mortificações de um passado inexistente, pois já foi, ou de receios e expectativas de um futuro também inexistente; pelo menos por ora, pois ele ainda não chegou.

Utilize todas experiências do passado, mas não as rumine nostalgicamente saudoso como escravo dessa prisão inexistente, que algema suas iniciativas presentes.

Viva o aqui e agora, com a magnitude de sua alma divina. Em tempos idos construímos nossa personalidade atual e, neste momento, estamos construindo nossa personalidade do amanhã, sem o ranço de outrora, desprovido de remorsos autodestrutivos e sem a ansiedade temerosa do que está por vir. Confie na perfeição divina e na eternidade do *karma* como dádiva de Deus, enriquecendo, pela aprendizagem, os tesouros inesgotáveis da alma, rumo ao seu grande destino de unir-se ao Supremo.

Por isso mesmo, vós, reunindo toda
vossa diligência, associai com a vossa fé
a virtude; com a virtude o conhecimento;
com o conhecimento, o domínio próprio;
com o domínio próprio, a perseverança;
com a perseverança , a piedade;
com a piedade, a fraternidade;
com a fraternidade, o amor.

(Segunda Epístola de Pedro, I, 5, 6 e 7)

6 – Inviolável

Sendo o *karma* uma lei Divina e, portanto, justa e perfeita, ela é inviolável. Não pode ser burlada, como acontece com as leis humanas. É uma lei neutra, mantendo todos nivelados perante a justiça Divina, em sintonia com seu estágio evolutivo.

Nenhum ser humano recebe mais, ou menos, do que merece. O que pode acontecer é o indivíduo introduzir novos fatores, intensificando, atenuando ou, até mesmo, neutralizando os efeitos da lei. Isso não quer dizer violação, mas sobretudo que, no contexto dessa lei, novas forças foram introduzidas.

Exemplo: uma pessoa rouba uma quantia “x” de outra, e com o passar do tempo arrepende-se e devolve esse mesmo valor, corrigido com juros e correção monetária, desculpando-se da atitude improcedente. Isso resgatou, em grande parte, a reação que teria pela lei do *karma*. Logicamente, algum malefício causou à vítima, a qual talvez precisasse mais do dinheiro na ocasião do roubo. Como um prejuízo foi causado, isso, automaticamente, representa débito *kármico*, apesar da devolução já feita. Entretanto, atenuou muito o mal feito e poderá até anular o *karma* programado, desde que tenha uma boa conduta. Some-se a isso a autocondenação, no tribunal da consciência, desse ladrão de outrora. Acrescente-se ainda a lição advinda para sua alma, pelo respeito ao direito alheio. Outras alternativas, hipóteses e lições, o leitor pode imaginar para o caso mencionado.

Vê-se, portanto, que é muito útil a reflexão sobre as múltiplas facetas do *karma*, sobretudo se for aplicado na prática de sua vida diária.

Raciocinando em sentido contrário, caso não devolvesse o dinheiro, mais cedo ou mais tarde, nessa ou noutra encarnação, essa quantia seria subtraída de si, por qualquer mecanismo da natureza, para cumprir a lei *kármica*.

Tudo quanto, pois, quereis que
os homens vos façam, assim
fazei-o vós também a eles;
porque esta é a lei e os profetas.

(Matheus, VII, 12)

*7 – **Relacionamento e harmonia***

Há um pensamento que diz: "Não cai uma folha da árvore, que não tenha repercussão na mais distante estrela da mais longínqua galáxia". Essa repercussão é mínima, até imensurável pelos recursos atuais, porém, por mais diminuta em seu valor, ela existe. Tudo está inter-relacionado. A parte repercute no todo, e vice-versa.

Tudo que acontece no Universo é com uma mobilização de energia. O cosmo, para manter a harmonia, "devolve" ao ponto de partida essa energia. Graças a isso, o equilíbrio do universo é mantido. O inter-relacionamento de tudo é que permite, pelo *karma*, a reflexão energética para seu local de origem.

8 – Ajuste Evolutivo

A evolução é uma lei universal. Tudo está fadado à evolução. A vida que habita uma forma, busca formas cada vez mais complexas para expressar-se.

A aprendizagem do ser dá-se com sua Essência, percorrendo os vários reinos da natureza, dos mais elementares aos mais elaborados. Por milhões e milhões de anos, lenta e perfeitamente, tudo na natureza evolui. Observe o encadeamento lógico dos elementos químicos, que, partindo do hidrogênio, vai-se estruturando em outros de peso atômico mais elevados. Examine minuciosamente as várias espécies vegetais que, das características mais rudimentares, vão adquirindo complexidades crescentes, até chegarem às plantas mais evoluídas. De modo semelhante, repare a evolução na escala zoológica, desde o mais simples protozoário até a maravilha estrutural e multifuncional do ser humano. Tudo isso é prova inconteste da natureza, demonstrando a evolução. A vida expõe evidências harmônicas crescentes nas formas e funções dos seres, trabalhadas com perfeições geométricas precisas, pelo Grande Arquiteto do Universo. Tudo é prova real da natureza expondo a evolução para os que "têm olhos de ver..."

Todo esse prodígio está no interior de nosso ser. Somos testemunhas cegas do fluxo evolutivo. Mister se faz tirar a venda de nossa cegueira espiritual, para vislumbrarmos o longo caminho já percorrido pelo nosso "princípio espiritual", bem como os longos horizontes iluminados que nos aguardam na volta ao Seio do Pai.

A ontogênese – "toda formação do indivíduo desde a fecundação até o nascimento" – repete a filogênese – "evolução dos seres mais simples aos mais complexos" – Assim, na formação do novo ser humano no útero materno, partindo do espermatozóide e do óvulo, até o nascimento da criança, estão *flashes* anatômicos e fisiológicos da escala zoológica. Nosso "germe espiritual" estagiou desde as formas mais simples às mais elaboradas, até vir habitar o corpo humano.

Toda essa escolaridade feita pela semente espiritual procurando a aprendizagem e conseqüente evolução é patrimônio Divino incorporado em nosso espírito pelo ajuste *kármico.*

A lei do *karma*, sendo onipresente, atuou e atua em nós, procurando aparar arestas, buscando equilíbrio, ao mesmo tempo em que proporciona condições para um relacionamento harmônico com o cosmo e com nós mesmos.

Que universos grandiosos nos aguardam pelos milênios afora, o tempo dirá! Até o dia em que o ajuste evolutivo fique em sintonia com o plano Divino, possibilitando ao reino de Deus reinar em nosso ser com todo esplendor e glória.

No qual também vós juntamente
estais sendo edificados para
habitação de Deus no Espírito.

(Epístola de Paulo aos Efésios, II, 22)

Para evoluirmos precisamos
deixar os vícios e queimar o karma.

III – CLASSIFICAÇÃO DO *KARMA*

Podemos classificar o *karma* de muitas maneiras, conforme suas inúmeras facetas. Abaixo, está uma tentativa simples, porém de fácil compreensão que comentaremos nas próximas páginas. A classificação que segue não deve ser vista como algo rígido, pois um mesmo processo *kármico* pode ser enquadrado em várias características. Outras mais o leitor poderá deduzir e acrescentar em suas reflexões... Contudo, pode-se ver com bastante clareza que quanto mais se estuda sobre o *karma,* mais se chega à conclusão de sua complexidade e de nossas limitações para ter uma visão oniabarcante, sintética e unitária da magnitude dessa Lei Divina. Para os incrédulos temos uma palavra para que despertem das trevas da rigidez preconceituosa: ESTUDEM!

1 – Quanto ao tempo de manifestação:

a) Imediato b) Tardio

2 – Quanto à época em que foi produzido:

a) Passado b) Presente c) Futuro

3 – Quanto à individualidade:

a) Individual b) Coletivo

4 – Quanto à manifestação nos corpos:

a) Físico b) Astral c) Mental

5 – Quanto à maturação:

a) Acumulado b) Queimado
c) Verde d) Maduro

6 – Quanto à mudança:

a) Imutável b) Mutável

1 – Quanto ao tempo de manifestação:

a) *Karma* imediato e b) tardio

O efeito de uma causa pode ser imediato ou tardio. Ao atirarmos uma pedra para o alto, logo em seguida ela cairá atraída pela força da gravidade. Ao darmos corda num relógio, demorará várias horas para esgotar esse efeito. De modo semelhante, daquilo que fazemos para os outros, podemos receber de imediato ou demorar muitos anos para termos a retribuição de nossos atos. Poderemos, ainda, defrontarmo-nos com a reação em outra existência.

Uma pessoa que faz um empréstimo num banco tem de pagá-lo, em prestações ou de uma só vez, na mesma cidade – ou em outra – com dinheiro, cheque, imóveis, ouro, jóia, trabalho... Enfim, tem possibilidades diversas de saldar o débito. O fato de mudar de país, não exclui o débito. Essa analogia usamos no caso do desencarne: o débito, ou crédito, continua. Nessa ou noutra encarnação será saldada e por meios os mais variados possíveis: pelo amor, pela dor, pelo trabalho, auxílio, amparo, abrigo, pela doença, etc. A natureza é perfeita e tem seus mecanismos auto-reguladores, que superam nossa intelectualidade. Mais cedo ou mais tarde devolve-nos os resultados de nossas ações, sejam boas ou más. Temos a constante possibilidade de transmutar a reação, por meio de novas ações.

O que segue a justiça e a bondade
achará a vida, a justiça e a honra.

(Provérbios de Salomão XXI, 21)

Imagine a situação de uma pessoa X matar outra Z. Em outra encarnação Z mata X. Este torna a matar Z numa futura encarnação e, assim, sucessivamente. Isso viraria um moto-contínuo e não teria fim. Todavia, diferentes situações *kármicas* podem ocorrer. A pessoa Z pode perdoar a X e, esta, reencarnar com uma doença congênita e disso falecer. Outra hipótese é de vir a sofrer um acidente fatal. Ainda há a possibilidade de X dar sua vida para salvar Z. Outra alternativa é X doar-se com sacrifício e ternura paternal para Z que pode vir como seu filho. Inúmeros caminhos seguem Z e X pelos vínculos *kármicos* criados entre si e reencontros ocorrerão de várias maneiras para restabelecer a harmonia entre ambos.

Vejam como os recursos naturais para o ajuste *kármico* são múltiplos, justos e equilibrados. Todas combinações imagináveis e inimagináveis surgem, porque todas possibilidades estão na Mente Divina. O reencontro é necessário no exemplo citado, já que uma nova relação será estabelecida entre ambos, para ajustarem as desavenças do passado.

Se alguém derramar o sangue do homem,
pelo homem se derramará o seu;
porque Deus fez o homem
segundo a sua imagem.

(Gênesis, IX, 6)

Muitos ditados populares expressam bem essa sabedoria do *karma*:

Quem planta arroz, colhe arroz,
quem planta feijão, colhe feijão.

Quem semeia vento,
colhe tempestade.

Aquele que faz aos outros,
a si mesmo faz.

O que não quero para mim,
não devo fazer aos outros.

2 – Quanto à época em que foi produzido:

a) *Karma* passado, b) presente e c) futuro

Há *karma* gerado no passado e já colhido total ou parcialmente. Outro tipo de *karma* pode estar sendo produzido no presente e colhido de imediato: diz-se já estar maduro. Nesse caso, as condições ambientais e pessoais dos envolvidos favorecem a colheita atual. É o *karma* presente.

O *karma* futuro é o que será produzido ou colhido depois. Muitas vezes, os fatores individuais ou as circunstâncias ambientais não permitem que o *karma* seja colhido atualmente. Pessoas com as quais possamos estar envolvidos em vínculos *kármicos*, podem não estar reencarnadas, e o reencontro se dará no futuro, nesta ou noutra encarnação.

Tudo tem o seu tempo determinado,
e há tempo para todo propósito debaixo do céu;
há tempo de nascer, e tempo de morrer;
tempo de plantar, e tempo de arrancar o que se plantou;
tempo de matar, e tempo de curar;
tempo de derribar, e tempo de edificar;
tempo de chorar, e tempo de rir;
tempo de prantear, e tempo de saltar de alegria;
tempo de espalhar pedras, e tempo de ajuntar pedras;
tempo de abraçar, e tempo de afastar-se de abraçar;
tempo de buscar, e tempo de perder;
tempo de guardar, e tempo de deitar fora;

tempo de rasgar, e tempo de coser;
tempo de estar calado, e tempo de falar;
tempo de amar, e tempo de aborrecer;
tempo de guerra, e tempo de paz.

(Eclesiastes, III, 1 a 8)

3 – Quanto à individualidade:

a) *Karma* individual e b) coletivo

É aquele produzido pela pessoa e que ela mesmo terá que colher, sem envolver outras pessoas. O *karma* é intransferível. Cada ser traça sua trajetória de vida. Um ser não pode carregar a cruz do outro. O papel a ser desempenhado por um ator, não pode ser desenvolvido por outro, mesmo que esteja no mesmo drama. Um pode estimular, apoiar, aconselhar o outro, mas cada um tem que carregar sua própria cruz e cada um tem a cruz que merece.

Não há dois karmas individuais iguais,
assim como não há duas impressões digitais iguais.

Que as afirmativas acima não sirvam de pretexto para não se ajudar o próximo! Pelo contrário, sendo a Vida Una, embora formada de muitas existências, compete-nos agir, porém, sempre em direção e sintonia ao Plano Divino.

Karma individual profissional

A inação pode constituir um *karma* de omissão. Sempre que possível devemos agir para amenizar a dor do próximo, mas jamais conseguiremos "queimar" o *karma* que ao outro compete eliminar.

Cada ser é seu legislador, criou o seu caminho e a cada um compete desbravar sua senda. Nessa conjuntura, é indispensável o discernimento, para avaliar até que ponto estamos cumprindo nosso *karma*, ou interferindo na tentativa de cumprir o *karma* que a outro compete.

Mas prove cada um o seu labor, e então terá motivo de gloriar-se unicamente em si, não em outro. Porque cada um levará o seu próprio fardo.

(Epístola de Paulo aos Gálatas, VI, 4 e 5)

b) *Karma* coletivo

Ao nascermos já estamos vinculados a uma família, numa época, numa comunidade, sob certas leis municipais, estaduais e federais; numa raça, num círculo familiar, num grande relacionamento com as pessoas que nos rodeiam; enfim, há toda uma constelação de pessoas, vivenciando situações semelhantes naquele tempo. Trata-se de um *karma* coletivo, como se todos seres naquela existência, representassem o *karma* de um ser maior, uma comunidade, um grupo.

Quando crescemos vamos à escola e convivemos temporariamente noutro agrupamento de seres, vivendo circunstâncias semelhantes naquele momento. Trata-se de novo *karma* coletivo.

Mas tarde, ao freqüentarmos um curso superior, outras pessoas fazem parte do novo convívio: vivemos outro *karma* coletivo.

Noutra ocasião, já formados profissionalmente, deparamo-nos com ambiente de trabalho envolvendo outras pessoas, em outras circunstâncias, e novo processo *kármico* coletivo aí se desenvolve.

Karma do casamento

Noutro dia casamos, constituímos família e um esquema *kármico* pertencente a novos seres se estabelece. São exemplos cotidianos de experiências associativas em que cada ser passa, num inter-relacionamento com outras pessoas. Em algumas épocas da vida, esses seres reencontram-se para, coletivamente, cumprirem um papel *kármico.*

Após muitos anos de casados é comum o marido ou a esposa dizer para "para sua cara metade": você é meu *karma.* Isso é dito geralmente num sentido pejorativo, como se o companheiro, ou a companheira, fosse um entrave em sua vida, a acabam criando mais dificuldades para uma convivência harmônica a dois. Contudo, como já foi dito, o *karma* é uma lei neutra, não dotada de sentimentalismo e, portanto, não cabe usá-lo, como algo que deprecia o próximo.

Estes desencontros do casamento muitas vezes resultam em separações, que poderiam ser evitadas caso houvesse mais tolerância e diálogo, de tal modo que cada qual procurasse entender a situação do outro.

Vínculos afetivos por certo já ocorreram em existências passadas, entre essas pessoas que se reencontram nesta encarnação. Quando uma pessoa gosta de alguém, na verdade está gostando de si mesma, de sua parte oculta que não consegue perceber e vê refletida na pessoa que ama. Neste raciocínio mais uma vez evidencia-se a lei *kármica*: "quem faz aos outros, faz a si mesmo".

Karma coletivo social

No caso de um acidente – como a queda de um avião – que provoca muitas mortes, concluímos que as pessoas aí presentes estavam encadeadas como elos de uma grande corrente *kármica*. Outro indivíduo que deveria viajar no mesmo avião, por um motivo qualquer, como ter furado o pneu de seu carro, ficado doente naquele dia, ou ainda por outra causa adversa à sua vontade, pode ter sido impedido de viajar naquele avião, naquele horário. Certamente, tal pessoa não estava incluída naquele *karma* coletivo, em que muitas pessoas morreram. Outro passageiro que viajasse em seu lugar – em virtude da ocorrência de vaga e que, por isso, antecipou sua viagem, tomando o avião sinistrado – estava no contexto *kármico* daquela coletividade.

Sendo o *karma* uma lei justa, perfeita e intransferível, há uma sintonia para que pessoas das mais variadas idades e procedências reencontrem-se para cumprir os desígnios por elas mesmas criados. Algum relacionamento do passado existiu entre estes seres, para uni-los num fato comum, no presente!

Essas formas coletivas de reencontros atuam tanto para as fatalidades, como para as alegrias comunitárias, pois há *karma* que produzem tristezas, enquanto outros florescem alegrias; porém, todos são úteis, porque trazem uma Sabedoria Divina, enriquecendo nosso espírito. Em sua maioria não deciframos os enigmas dos vetores participativos daquela resultante, mas tudo tem sua razão de ser. Caso fôssemos perquirir todo nosso passado, encontraríamos as razões que nossa razão atual desconhece. Tudo é útil, tanto para aquilo que seja declaradamente útil, quanto para o aparentemente inútil.

No dizer do poeta Fernando Pessoa : "tudo vale a pena, se a alma não é pequena".

Como águas profundas são
os propósitos do coração do homem,
mas o homem de inteligência sabe descobri-los.

(Provérbios de Salomão, XX, 5)

Karma coletivo de nações e povos

Cada país com seus habitantes têm *karmas* coletivos próprios. Há também *karma*s coletivos referentes às raças e nações. Estudando a História da Civilização deparamo-nos com movimentos culturais, políticos, filosóficos, artísticos, religiosos, econômicos, sociais etc, os quais renascem em alguns povos, muitos anos ou séculos após, apresentando características e estilos semelhantes aos de outras sociedades do passado.

Crimes nacionais de destruição em guerras irão constituir-se em pesados ônus *kármicos* a serem resgatados por terríveis calamidades futuras, gerados que foram pelos administradores daquelas nações.

Sempre que os valores éticos de uma pátria são relegados a planos secundários, a derrocada econômica será a conseqüência natural, sentida através dos tempos. Nações grandiosas do passado constituem-se em páginas viradas na memória da História. Caíram tronos de reis, desfacelaram-se coroas milenárias, exércitos que se julgavam imbatíveis e palácios suntuosos do passado, hoje são ruínas arqueológicas, estão extintos, são apenas marcas *kármicas,* cravadas no corpo espiritual dessas nações.

Cataclismos, como inundações, erupções vulcânicas, terremotos e pestes são resultados de *karma* coletivo. Correntes de ações, sentimentos e pensamentos coletivos, formam marcas registradas de uma coletividade, contribuindo para opiniões distorcidas da realidade, causando poluição mental.

Quando estivermos inseridos num *karma* coletivo, prazeroso ou doloroso, procuremos objetivá-lo, entendendo suas razões mais profundas, descortinando a visão do que existe como "pano de fundo", em todo processo. Quando não conseguirmos mudar a mentalidade nacional poluída, tentemos mudar a nós mesmos pela reta ação, pelos sentimentos nobres, pensamentos altruístas e estaremos dando grande parcela de contribuição para renovação benéfica do ambiente que nos envolve.

Ora o Senhor é o Espírito; e onde está o Espírito
do Senhor aí há liberdade. E todos nós com o rosto
desvendado, contemplando, como por espelho,
a glória do Senhor, somos transformados
de glória em glória, na sua própria imagem,
como pelo Senhor, o Espírito.

(Segunda Epístola de Paulo aos Coríntios, III,17,18)

4 – Quanto à manifestação nos corpos:

a) *Karma* físico, b) astral e c) mental

a) *Karma* físico

Quando causamos uma ação física a alguém, quer seja boa ou má, estamos gerando um *karma* físico. Contudo, o bem e o mal são relativos, pois uma dor causada, tendo como único fim a crueldade, é chamado de mau *karma*, enquanto uma dor física resultante de um ato de cura, como uma cirurgia, pode ser considerada um bom *karma*. Tanto um como outro representa uma aprendizagem, mas um é acompanhado de uma intencionalidade prejudicial, enquanto que o outro, de uma intenção benéfica. Em ambos casos foram gerados *karmas* físicos, porém com propósitos totalmente opostos; daí, um gerar um *karma* mau e outro bom; mas aí já aparece o *karma* mental também, que será tratado logo mais. Citamô-lo aqui, para realçar a grande importância não só do aspecto físico, como também daquilo que existe de sentimento e pensamento como bases fundamentais da ação.

b) *Karma* astral

Sentimentos de amor ou ódio, alegria ou tristeza, simpatia ou antipatia, desejos ou aversões e as inúmeras sensações astrais, fazem parte do *karma* astral. Por ser – o corpo das emoções – mais sutil que o físico e, portanto, possuído de partículas de freqüências vibratórias mais elevadas, o *karma* astral tem peso maior que o físico. Um auxílio físico dado a alguém com desdém, indiferença, gera um *karma* físico bom, mas esse mesmo auxílio, impregnado de sentimento de benevolência, gera não só um *karma* físico mas também um *karma* astral bom, que terá um valor muito mais elevado. Deixamos aqui uma reflexão: até que ponto, um *karma* físico destituído do sentimento benevolente, não significa um *karma* astral de omissão? Aquele que doou algo com indiferença, é lógico, será recompensado fisicamente; por outro lado, não perdeu uma oportunidade útil por ter gerado o *karma* astral de omissão, de ser agente de um sentimento favorável? E quantas vezes na vida necessitamos mais de um estímulo emocional que físico?! De uma palavra amiga de incentivo! Ou ainda daquele olhar luminescente de ternura, de gratidão, em que a alma amiga se espelha no reflexo marejado da visão!

Os sentimentos de estímulo, de fé, de esperança são mais duradouros e capazes de realizar mais benesses do que a simples doação material, destituída de benevolência sentimental. Muitas pessoas dizem sentir não ter recursos materiais para ajudar o próximo. Caso soubessem o quanto podem ajudar com sentimentos fraternos, talvez não se ressentissem tanto da ausência material e mais úteis seriam com suas vibrações amorosas para a humanidade e, conseqüentemente, para si.

c) *Karma* mental

O pensamento é a matéria básica para gerar o *karma* mental. Os pensamentos geralmente estão associados aos sentimentos. Nos planos mental inferior e astral, esta associação dá origens às formas, aos sons e às cores, com grande poder criador: são as formas-pensamento. Estas, criadas pelos pensamentos associados aos sentimentos, são irradiadas para o espaço e recebidas por seres que estão vibrando nessa mesma freqüência. Quantas vezes recebemos estas formas-pensamento, incorporando-as em nós, e acabamos agindo de acordo com essas energias, julgando que são originadas por nós?! É verdade que, se essas energias astromentais encontraram guarida em nosso interior, é porque algo semelhante em nós possibilitou essa recepção. Todavia, é algo mais vindo do exterior, o qual intensificou uma tendência, podendo ser o último fio da corda que provocou sua ruptura. Há um ditado popular que diz: "boi preto procura boi preto e boi branco procura boi branco"; isto é, os semelhantes se atraem.

Essa emissão-recepção, entre seres que vibram em faixas energéticas semelhantes, leva-os a agir de acordo com os sentimentos e pensamentos, veiculados pelas formas-pensamento. Em função disso, entende-se o poder criador e influenciador do pensamento. Daí, a grande responsabilidade que devemos ter para a formulação dos nossos pensamentos, justificando a máxima evangélica: *"vigiai e orai"*.

Comparamos o que foi dito acima como um perfume que exalamos: os que apreciam esse odor sentirão prazer, e aproximar-se-ão da fonte desse perfume. Em contrapartida, os que sentem repugnância tomarão distância dessa fonte odorífica.

Como nossos sentimentos e pensamentos geram nossas ações, as quais por sua vez geram sentimentos e pensamentos nos outros, deduzimos facilmente, por um "efeito dominó", de que forma podemos gerar *karma* mental, de grande influência na humanidade. O saudoso e eminente teosofista C. Jinarajadasa, em seu livro *Fundamentos da Teosofia*, procurando realçar a importância do *karma* mental dá-lhe um peso 25, ao astral 5, e ao físico o peso 1. Logicamente, não devemos considerar literalmente esses valores, mas realçam bem a importância dos pensamentos na geração do *karma.*

O *karma* gerado no plano mental está sob leis desse plano e gera um *karma* mental; o originado no astral vai atuar nesse nível e o físico atuará sob leis físicas e no mundo físico. Como já foi dito, e é bom realçar, os pensamentos geram ações e vice-versa, e cada *karma,* embora atue no seu respectivo plano, pode repercutir em outros.

Os pensamentos deletérios, malignos, egoístas são de baixa freqüência, têm pouca duração; ficam mais próximos da pessoa que os emitiu e atrai outros semelhantes. Em sentido oposto, pensamentos benéficos, altruístas, são de alta freqüência, mais duradouros, atingem grandes distâncias, e, logicamente, atraem maior quantidade dessas energias vibratórias, para quem os produziu.

Pode parecer estranho aos menos familiarizados o fato de tratarmos, com uma linguagem matemática e até física, tais assuntos do corpo astral e mental. Mas é assim que atua a consciência: a energia é a mesma em diferentes graus de densidade.

Guarda-te, que não haja pensamento vil
no teu coração, nem digas: está próximo o sétimo
ano, o ano da remissão, de sorte que os teus olhos
sejam malignos para com teu irmão pobre,
e não lhe dês nada; e ele clame contra ti ao Senhor,
e haja em ti pecado.

(Deuteronômio, XV, 9)

5 – Quanto à maturação:

a) *karma* acumulado, b) "queimado",
c) verde e d) maduro

a) *Karma* acumulado

Também chamado *Sanchita karma*, é todo aquele armazenado e constituído desde o início de nossa criação, com sua multiplicidade de causas e cujos efeitos ainda estão latentes.

Nos vários reinos da natureza, o princípio espiritual passou por ações e reações dos mais variados matizes. Esses impactos ambientais são forças imprescindíveis para a consciência ampliar-se e manifestar-se mais intensamente. As lições advindas em múltiplas existências estão em nosso interior. A consciência antes de expressar-se como autoconsciência no ser humano, conviveu com inúmeras formas minerais, vegetais e animais, através de bilhões de anos; e todas, todas as ocorrências vividas, encontram-se em nosso âmago: somos repositórios, "verdadeiros museus" de todas nossas vivências.

Tudo isso gerou *karma* e, conseqüentemente, experiências. Muitas ações geradas tiveram seus efeitos, enquanto que outras permanecem latentes, para futuras manifestações, isto é, estão latentes. Esse conjunto armazenado para vir à tona em futuras ocasiões é o *karma* acumulado.

b) *Karma* "queimado"

É aquele produzido no passado e já extinguido, quer pela reação já desencadeada, quer pelos novos vetores introduzidos no passado, evitando que esse *karma,* como reação, se manifestasse. Exemplo: um sentimento de ódio irradiado por nós a alguém e que, portanto, poderíamos receber como reação; pode essa ira anular-se com a transmutação mental, em amor a essa pessoa. Uma força oposta à anterior, sendo da mesma intensidade ou superior, pode neutralizá-la, "queimá-la".

Isso reforça o preceito que o *karma* não é uma fatalidade, que deve retornar da forma original. Embora seja uma lei inviolável, podemos utilizar de sua perfeição, para agir em consonância ao Plano Divino, para nosso bem. O amor extingue o ódio, o bem supera o mal, a luz dissipa as trevas.

O ódio excita contendas,
mas o amor cobre todas as transgressões.

(Provérbios X, 12)

c) *Karma* verde

É aquele que está em processo de maturação, para ser colhido nesta ou noutra encarnação. Pode ser que na encarnação presente não tenhamos estrutura física, emocional ou mental para suportarmos a reação de uma ação gerada no passado. Outra hipótese é a dos fatores ambientais atuais não serem favoráveis à colheita imediata, como já foi exposto ao abordarmos sobre o *karma* futuro.

Acrescente-se a isso o fato de um *karma* verde "amadurecer" no presente. Façamos a analogia de um aluno que estudou toda matéria de um ano, em seis meses. Sua permanência naquela série torna-se enfadonha e constitui perda de tempo não lhe serem proporcionadas matérias do ano seguinte. Assim as disciplinas que eram precoces para seu intelecto ainda verde, agora encontram condições adequadas para assimilação. O *karma* verde "amadureceu" e contribuiu para sua evolução: o aluno ganhou etapas na escola da vida; ou melhor, o aprendiz é que amadureceu e adquiriu pelos seus esforços, condições para enfrentar os embates na vida, para seu crescimento espiritual.

Quando eu era menino, falava como menino,
sentia como menino, pensava como menino;
quando cheguei a ser homem,
desisti das cousas próprias de menino.

(Primeira Epístola de Paulo aos Coríntios, XIII, 11)

d) *Karma* maduro

Também chamado de *Prarabdha Karma*, ou ativo, ou começado, é o *karma* presente que estamos colhendo, nas várias circunstâncias da vida atual, inclusive com as qualidades que formam nosso caráter.

Esse *karma* que está sendo colhido pela sua maturação agora, não é fixo. Uma pessoa em sua trajetória de vida tem um programa geral para determinada quantidade de *karma*, podendo interromper essa colheita, entregar-se ao vício e falecer antes de cumprir sua tarefa.

Além do *karma* que estava pronto para ser colhido e não foi, este gerou mais *karma*, que irá fazer parte do *karma* acumulado, para ser colhido em encarnação ou encarnações futuras. Um novo vetor foi criado e, logicamente, mais *karma*, agravando suas condições futuras. De modo oposto, pode dedicar-se com afinco, colher todo *karma* e ainda receber outros, como foi comentado ao tratarmos do *karma* verde.

Reafirmamos aqui a possibilidade de que, quanto mais evoluirmos, mais poderemos "governar nossas estrelas", e, menos, sermos governados por elas.

Dá-me entendimento, e guardarei a tua lei;
de todo coração a cumprirei.
Guia-me pela vereda dos teus mandamentos,
pois nela me comprazo.

(Salmos, CXIX, 34, 35)

6 – Quanto à mudança:

a) *Karma* imutável e b) mutável

a) *Karma* imutável

Há *karma* que não se altera numa encarnação. Uma alma que reencarnou num corpo físico, desencarnará um dia: isso é um *karma* imutável. A raça e as condições genéticas desse corpo físico também são qualidades imutáveis.

O modo tranqüilo e racional como encaramos esses desígnios atuais criados por nós mesmos em encarnações passadas, fortalecem-nos para a aceitação do que não pode ser modificado, extraindo do fato uma sabedoria espiritual, para enfrentarmos os embates ordenados da vida. Some-se a isso, o modo como lidamos com as circunstâncias atuais, estaremos construindo nossa personalidade do amanhã. Tudo acontece de modo coerente e ordenado.

Creio em Deus que se manifesta
na harmonia ordenada do Universo.

(Albert Einstein)

b) *Karma* mutável

A lei *kármica,* conforme já foi dito, é imutável, mas suas conseqüências podem ser modificadas antes de se expressarem.

Não conseguimos evitar um terremoto numa área sujeita a abalos sísmicos intensos, mas podemos construir habitações mais sólidas, ou mais distante do local, para amenizar, ou até evitar os efeitos da catástrofe.

Um navegante em alto-mar não pode interferir no movimento das marés, mas pode dirigir seu barco de maneira mais prudente, ou ainda usar aparelhos salva-vidas, tentando evitar o mal maior do afogamento.

Desde os dias de João Batista até agora
o reino dos céus é tomado por esforço,
e os que se esforçam se apoderam dele.

(Mateus, XI, 12)

A inação pode ser um *karma* de omissão.

IV – ENCRUZILHADA *KÁRMICA*

A maioria da humanidade encontra-se num ponto de divisor de águas, submetida a duas forças opostas: toda animalidade do passado como herança impregnada em nossa alma, no percurso pelos vários reinos da natureza, e a espiritualidade nascente para o alvorecer de luz, feita de paz, harmonia e concórdia. Os instintos animalescos do passado, gerando ódio, ambição, desejo de vingança, paixões vis, maledicências e tantos outros vícios, ainda fazem parte de nossa personalidade. Por outro lado a esperança da bem-aventurança, do amor fraterno, é semente a germinar em nossos corações. Daí a necessidade de utilizar-se o passado como experiência a ser aproveitada no presente, estimulando a criatividade. E os nobres anseios da alma, em relação ao seu grande futuro, devem ser vivenciados na realidade atual, com a serenidade e consciência de nossa natureza divina, com vistas ao despertamento para o reino de Deus em nosso interior, aqui e agora.

Interrogado pelos fariseus sobre quando viria
o reino de Deus, Jesus lhes respondeu:
Não vem o reino de Deus com visível aparência.
Nem dirão: Ei-lo aqui! ou: Lá está !
porque o reino de Deus está dentro em vós.

(Lucas, XVII, 20 e 21)

Trazemos nossa animalidade do passado
......e visualizamos nossa iluminação
espiritual do amanhã.

V - *KARMA* E REENCARNAÇÃO

O *karma* está intrinsecamente ligado à reencarnação e a direciona.

Não haveria justiça Divina caso todos nossos atos se resumissem apenas a uma existência, com as disparidades mais diversas nas áreas física, social, econômica, cultural etc. Por que um ser é aquinhoado em berço de ouro, enquanto que outro só conhece as agruras da pobreza? Por que alguns são saudáveis e outros portadores de doenças congênitas? Qual a racionalidade de um falecer nos primeiros anos de vida, enquanto outro na velhice? O que direciona a aptidão de uma pessoa para a arte, outra para a ciência, aquela para a filosofia, enquanto algumas são deficientes mentais? Sendo Deus justo, perfeito e bondoso, estaria Ele criando uma incompatibilidade entre esses aparentes desníveis e o objeto de sua criação, pelo favorecimento de uns e desprestígio de outros.

Apenas pela lei *kármica* podemos entender que nós traçamos nossa trajetória de vida, através de múltiplas encarnações.

A identificação com nossos corpos físico, emocional e mental, remete-nos a ações permeadas de desejos e pensamentos egoístas, criando vínculos *kármicos*. Essa necessidade de satisfazer nossa *persona*, julgando que somos esses corpos mortais e nada mais, prende-nos ao fruto da ação, criando *karma*. Essa busca do prazer, caso não seja realizada numa encarnação, poderá sê-lo no decorrer de existências futuras.

Nas primeiras encarnações a ambição predomina, levando os seres a lutar, a trabalhar desmesuradamente, a participar de cultos religiosos, ou até mesmo a roubar, pensando no bem-estar do amanhã. Esse estímulo, a princípio, contribui para a evolução, forja a perseverança, excita a ânsia pelo progresso, desenvolve o vigor do trabalho, estimula a criação de bens materiais para si ou para seus descendentes. Além das qualidades de dedicação incorporada em sua alma, produz algo para aqueles que virão depois.

Quando não aspira algo material, anseia por um céu permeado de um gozo contemplativo, que embora ouça muito falar, em seu íntimo não tem certeza da existência desse paraíso nirvânico. Trocou uma ambição material por outra, emocional, mas continua prisioneiro do desejo de poder. Trocou uma algema de ferro por outra, de ouro, porém continua agrilhoado na cadeia construída pela própria cobiça.

Enquanto estiver preso aos frutos das ações, tentando eternizar o que é transitório, automaticamente será detento da roda da encarnação. O processo é semelhante ao artista desempenhando seu papel no palco da existência, ao identificar-se demais com a função representada pelo personagem, esquecendo-se de sua real natureza e origem, fora de suas artes dramáticas. A cada drama desempenhamos o papel de um ator, dependendo do esquema *kármico*.

Muda o cenário, alteram-se os papéis dos personagens, mas os artistas são os mesmos: nós que peregrinamos em muitas apresentações na escola da vida, em países e mundos diferentes, sob a égide da grande lei do *karma*, direcionamo-nos para o autoconhecimento e conseqüente auto-aperfeiçoamento, através das múltiplas encarnações.

A lei do Senhor é perfeita,
e restaura a alma;
o testemunho do Senhor é fiel,
e dá sabedoria aos símplices.

(Salmos, XIX, 7)

VI – *KARMA* E VIDA ASTRAL

Ao desencarnar, a consciência passa a focalizar-se no corpo astral – o corpo das emoções, dos desejos, dos sentimentos. Aí as emoções são mais intensas, pois não há o corpo físico para "amortecer" as vibrações oriundas do corpo astral. Este vibra na quarta dimensão e, conseqüentemente, os fatos ocorrem de modo mais acelerado, e os sentimentos pulsam mais intensamente. Como a natureza não dá saltos, as mesmas emoções trazidas de nossa última existência (antes do desencarne), estarão aí presentes, porém, com uma energia bem maior.

Um sentimento de amor ou ódio, de simpatia ou antipatia, de alegria ou tristeza, avoluma-se no plano astral. No ser que desencarnou com um vício, suas partículas astrais que eram alimentadas por esse vício, passam a vibrar mais intensamente pelo apetite não satisfeito. Como no mundo astral não há a substância capaz de nutrir esse vício (seja o fumo, o álcool, psicotrópicos etc.), pois esses elementos motivadores da dependência emocional estão no plano físico (e não no astral), o ser desencarnante sofre pelo desejo impossível de se satisfazer. Este é o verdadeiro purgatório de que falam os católicos, ou o umbral dos espíritas. O tempo aí vivido com sofrimento parece uma eternidade e o desejo não realizado, um verdadeiro suplício para a alma desencarnada.

Tem delírios e alucinações relativos ao desejo do vício, não compreende sua nova situação de desencarnado, e sempre quando em seus desvarios está prestes a saciar sua ambição, o fato não se concretiza e o sofrimento aumenta.

A referência acima diz respeito a um *karma* emocional: a ação provocada em sua vida física continua com sua repercussão no pós-morte. Isso é válido para as emoções em geral.

Como toda causa finita tem seu efeito finito, isso também um dia acaba. As partículas astrais não sendo satisfeitas, por não receberem os alimentos de seus vícios, vão enfraquecendo, perdem seu poder vibratório e acabam sendo eliminadas do corpo das emoções, retornando ao plano astral.

Outras partículas de desejos menos grosseiros manifestam-se e seguem o mesmo caminho, sendo um dia eliminadas, cedendo lugar para as mais sutis incrustadas de sentimentos mais nobres. Aí, um plano astral de vibrações mais agradáveis vem à tona na consciência do corpo astral. Contudo, tais partículas também um dia são eliminadas e ocorre a segunda morte: morre o corpo astral. Então, a consciência passa a vibrar no corpo mental.

Há, portanto, esse fenômeno de eliminação das partículas de vibrações mais densas impregnadas de nutrientes deletérios, que podem ser expulsas de nosso corpo astral quando ainda encarnados. Resistindo aos vícios por uma determinação da vontade, passamos por uma alquimia astral em que as moléculas astrais mais pesadas são forçadas a saírem do corpo emocional. O espaço antes ocupado por essas moléculas fica vazio e necessita ser preenchido. Ao eliminar um vício, colocando em seu lugar uma virtude, corpúsculos astrais mais refinados, do mesmo padrão dessa virtude, passam a incorporar-se em nosso caráter como propriedade do corpo astral. Assim, estaremos criando um *"karma bom"*, ou, até mesmo, eliminando um *"karma mau"* do passado. Além disso, durante o sono, nosso corpo astral fica livre para agir em planos de sentimentos mais refinados. Ademais, na passagem desta para outra vida, ao desencarnarmos, colheremos os frutos mais saborosos das sementes emocionais plantadas quando ainda no corpo físico.

E não vos conformeis com este século,
mas transformai-vos pela renovação
da vossa mente, para que experimenteis
qual seja a boa, agradável
e perfeita vontade de Deus.

(Epístola de Paulo aos Romanos, XII, 2)

VII – *KARMA* E ASTROLOGIA

Quando um ser nasce numa determinada hora, dia, mês e ano, num local, está recebendo a marca registrada das energias dos astros, naquela nova encarnação. As irradiações energéticas conforme a posição dos astros e de seus respectivos ângulos, são direcionadas à pessoa, na sua primeira respiração. É a fotografia de seu mapa astral, com todas as energias que o acompanharão durante a longa viagem de toda sua vida física. Esse mapa cósmico constitui fluxo energético que aquele espírito traz consigo para ser trabalhado em sua nova existência.

O mapa astral constitui dado valioso para entender as inclinações, os potenciais físicos, emocionais e mentais da personalidade, em sua inter-relação com o Universo, em todos setores daquela vida. É um demonstrativo das forças mais sutis possíveis, estampadas na particular maneira de ser, sentir, agir e reagir da entidade reencarnante.

Os astros não determinam, mas mostram as propensões trazidas por aquela alma, como frutos de múltiplas encarnações, resultantes da lei de causa e efeito. A energia está presente, mas como será usada depende do livre-arbítrio de cada um. Uma impulsividade pode ser usada para a guerra ou para a paz, para a elevação ou para a derrocada da humanidade. Daí a importância da educação da alma, para a espiritualização da educação e a conseqüente dignificação da vida humana, permitindo-a cumprir sua função no mundo, sem ser mundana.

Não é porque uma pessoa nasceu com aquele mapa astral que ela é daquele jeito; mas sim porque ela é daquele jeito, que nasceu com aquele mapa astral. É o *karma* a ser colocado em movimento, que canalizou todas forças cósmicas, a fim de que suas confluências direcionassem aquele evento. Não é o mapa astral que determina que a pessoa tenha determinados atributos, mas porque ela tem determinadas potencialidades é que nasceu com as energias oriundas da abóbada celeste, naquele local e momento.

O mapa astral fornece elementos muito valiosos para entender a pessoa em si e no seu relacionamento com a família, sociedade, trabalho, comunicação, filosofia de vida, valores materiais, com o inconsciente, aspectos de saúde e até condições *kármicas* trazidas do passado, a serem enfrentadas nessa encarnação. Contudo, realçamos uma vez mais, o fato de a pessoa ter determinado mapa astral, por ser merecedora daquela condição, em função de sua bagagem *kármica*.

Pode-se dizer, aliás,
que não é o evento que acontece à pessoa,
mas a pessoa é que acontece ao evento.

(Dane Rudhyar)

Uma é a glória do sol, outra a glória da lua,
e outra a das estrelas; porque até entre estrela
e estrela há diferenças de esplendor.

(Primeira Epístola de Paulo aos Coríntios, XV, 41)

O homem primitivo é dominado pela Lei kármica.
O homem evoluído governa as estrelas.

VIII – TÉRMINO DO *KARMA*

Como *karma* significa ação e conseqüente reação e diante do fato de estarmos constantemente em atividade, pode surgir o raciocínio de que freqüentemente estamos gerando ação e de que o *karma* não se extingue. Daí pode surgir a pergunta: quando o *karma* terá fim? Terminará quando "queimarmos" todo nosso *karma* do passado, e não produzirmos *karma* futuro, em razão do desapego aos frutos de nossas ações. O apego, o desejo, criam vínculos *kármicos* e nos impulsionam para a reencarnação.

Os grande Seres que mudaram o curso da História da humanidade são exemplos de altruísmo. Ainda que tivessem trabalhado com afinco, o fizeram pelo amor ao serviço à humanidade, por um sacro-ofício (ofício sagrado), sem representar para si um sacrifício no sentido de dever penoso. Doaram-se pelo prazer de se entregar ao serviço da humanidade, sem esperar recompensa, assim como uma criança brinca pelo prazer de brincar. Ao se consagrarem ao ato, o fizeram vivenciando a plenitude do momento, numa integração de corpo e alma, com a sensação que o "tempo parou", numa interação do passado e do futuro no eterno presente.

Isso acontece nos atos mais simples como o deleite do apreço pela natureza; meditando numa virtude; uma criança sonhando de olhos abertos. Exemplos coletivos típicos encontram-se até em música, como tão bem expressos em *A Banda,* de Chico Buarque de Holanda, que diz : "minha gente sofrida/ despediu-se da dor/ para ver a banda passar/ cantando coisas de amor". Quando a banda acaba de passar, eis que todos voltam à rotina cotidiana com todos seus apegos: "cada qual no seu canto e em cada canto uma dor". Voltamos à "roda viva", "remando contra a correnteza", "e o tempo rodou num instante as mágoas do meu coração".

Como seria bom se vivenciássemos a plenitude de cada instante, com alegria e desprendimento à recompensa das ações. Não importa que seja fazendo um embrulho, tomando um banho, penteando uma criança, trabalhando, viajando, enfim em qualquer circunstância, estar impregnado de contentamento, com a mente unidirecionada na ação daquele instante. Esta é a verdadeira concentração, sem projeções futuras nem rasgos saudosos nostálgicos, de um passado que não retornará. É a vivência integral no acontecimento aqui e agora, sem almejar um lucro futuro, por essa "perícia na ação". Este é o tão propalado Reino de Deus, "que não está aqui, lá ou acolá, mas no interior de cada um".

Buscai, pois, em primeiro lugar,
o seu reino e a sua justiça,
e todas estas cousas vos serão acrescentadas.
Portanto, não vos inquieteis com o dia de amanhã,
pois o amanhã trará os seus cuidados;
basta ao dia o seu próprio mal.

(Mateus, VI, 33 e 34)

Uma vez esgotado o *karma* passado e nada mais desejando para si do que é transitório, porém, trabalhando com afinco e dedicação no mundo, para o mundo, sem ser do mundo, o homem transforma-se num super-homem e o mundo todo vai colocar-se aos seus pés. Nesse nível, não há necessidade mais de reencarnar, podendo contudo, assim proceder renunciando a outras sendas mais evoluídas, com o fito de ajudar a humanidade na ascensão de seu grande destino de unir a alma individual ao Supremo, tornando-se verdadeiro Apóstolo do Amor Universal.

Porque eu, mediante a própria lei,
morri para a lei,
a fim de viver para Deus.
Estou crucificado com Cristo;
logo, já não sou eu quem vive,
mas Cristo vive em mim;
e esse viver que agora tenho na carne,
vivo pela fé no Filho de Deus,
que me amou e a si mesmo
se entregou por mim.

(Epístola de Paulo aos Gálatas, II, 19 e 20)

Mata a ambição.
Mas trabalha como trabalham
os que são ambiciosos.

(Mabel Collins, Luz no Caminho)

"Mata a ambição!"
O viver deve ser um canto de alegria
na orquestra sinfônica da vida.

IX – HISTÓRIAS DE *KARMA*

Várias histórias tornam-se populares, perdem a autoria, as origens, e embora fictícias encerram verdades profundas, prontas para serem aplicadas na vida cotidiana. Por isso, eternizam-se no tempo e abrangem vários povos, em pontos diversos da Terra. Esse fundo de verdade, aplicável em várias culturas, possui simbolismo de múltiplas facetas, pois cada pessoa encaixa-se no contexto da história, conforme sua caminhada na vida. Justamente a riqueza de opções dessas histórias, somada à essência da mensagem transmitida em sintonia com o que há de mais íntimo em cada um de nós, é que as tornam duradouras e receptivas.

Abaixo, transcrevemos várias histórias que, pelo seu conteúdo, exprimem bem o seu valor e a sua legitimidade, qualidades essas que nos levam a reflexões fundamentais a serem aplicadas em nossas vidas.

1 – História da montanha de cruzes

Certa pessoa, muito desanimada com a vida que levava, lamuriava-se constantemente da cruz que carregava. Seus ombros doloridos, as pernas cansadas, as energias exauridas, eram argumentos freqüentemente usados para evidenciar sua vida pesarosa.

Enquanto outros indivíduos tinham um viver mais agradável, sem muitas intempéries, parecia-lhe que para si era só penúria. As lamentações repetiam-se todo dia e o dia todo, e eram tão intensas, que encontraram ressonância em alguns mensageiros do Criador, que resolveram analisar o caso na primeira oportunidade que surgisse. Como legisladores das leis *kármicas*, esses mensageiros, chamados *Lipikas*[2], registram fielmente os méritos e deméritos de cada criatura, dando a cada um segundo seu direito.

Como nunca erram – pela justiça que lhes são inerentes – ficaram na expectativa, para além da análise do caso, que também pudessem fazer o reclamante extrair, do fato, uma lição de vida.

Esse homem sofrido seguia seu caminho com sua cruz, sempre comparando-a com as de outros que passavam por si. Uma cruz era mais bonita, outra mais leve, outra mais talhada, e assim por diante, sempre havia algo na cruz do semelhante que superava a sua. Como diz o ditado : "a fruta do vizinho sempre é mais gostosa".

Nessa caminhada, o lamuriante deparou com uma montanha de cruzes, e curioso, e ao mesmo tempo ansioso por trocar de cruz, perguntou aos *Lipikas* que guardavam essas cruzes, qual a razão de estarem em grande quantidade amontoadas. Essas cruzes – responderam os

---

[2] *Lipikas* são os agentes do *karma*, que registram fielmente cada ação e cada pensamento do homem, de tudo quanto foi, é ou será no Universo fenomenal. (Helena P. Blavatsky, Glossário Teosófico).

Lipikas – são de muitas pessoas que passaram por aqui, e cansadas de as carregarem, trocaram por outras.

Isso é possível? – indagou o viajante.

Sim, desde que o dono da cruz permita que você a leve. Cada cruz tem o nome do dono anterior, e se você deixar a sua aí, terá que ter seu nome, para que, se porventura outro vier a escolhê-la, possa pedir sua permissão.

Não acreditando muito no que ouvira, tornou a questionar:

Então posso gravar meu nome na cruz que carrego, e pegar outra para seguir meu caminho?

Havendo aceitação pelo dono da cruz que você escolher pode seguir adiante! – disseram os *Lipikas*.

O viajante pôs seu nome na cruz que carregava e jogou-a na montanha de cruzes, procurando outra que mais lhe agradasse. Ao examiná-las, uma era mais pesada que não suportaria; outra era tão leve que seria covardia carregá-la; esta estava muito velha; aquela mal pintada... Até que, após tanta procura, achou uma que se adaptava bem aos seus ombros e que lhe parecia a mais adequada sob todos os aspectos. Com esse propósito dirigiu-se aos *Lipikas* indagando se poderia levar aquela cruz . Estes responderam que sim, desde que o dono consentisse.

Qual não foi a surpresa do viajante ao ver o seu próprio nome gravado na cruz que acabara de escolher!

Como lição, notou que cada ser tem a cruz que merece, nem mais, nem menos. Cada um tem que seguir seu trajeto, com a carga que lhe foi designada pelo seu merecimento, e nenhuma outra pessoa pode realizar aquilo que a si compete.

E quem não toma a sua cruz,
e vem após mim, não é digno de mim.

(Mateus, X, 38)

2 – História do precipício

Uma multidão de pessoas caminhava ao lado uma da outra, cada qual carregando sua cruz. Um indivíduo que fazia parte desse grupo, julgando sua cruz muito pesada, resolveu cortar-lhe uma parte. E assim o fez... Andando mais um pouco, não satisfeito ainda com o peso que carregava, seccionou nova porção da cruz. Caminhando mais alguns metros, alegando muito cansaço, eliminou mais um pedaço de sua tão preciosa carga.

Enquanto a citada pessoa diminuía mais e mais o peso e conseqüentemente o tamanho de sua cruz, outros, resignadamente, prosseguiam o percurso, argumentando sobre a perda de tempo de parar, a fim de desfazer de valiosa carga. Desse modo adiantavam-se, deixando para trás aquele que, cada vez mais, diminuía o peso sobre seus ombros.

Após longo tempo de viagem, todo esse povo chegou diante de um precipício. E, ao analisarem do alto a distância que os separavam às duas margens, concluíram que cada qual tinha a cruz na medida certa para a travessia de uma beira à outra. Como cada pessoa não podia sair de sua direção, já traçada, e cada qual podia, com seu madeiro, fazer a ponte de travessia, puderam chegar, sãos e salvos, ao outro lado do precipício.

O andante que havia retirado tantos pedaços de sua cruz, conseguiu reduzi-la a extensão pouco maior que um palito de dente, tal o número de vezes que ele a foi reduzindo. Qual não foi seu espanto, ao deparar-se com o precipício, ver que todos companheiros conseguiram, cada um com sua cruz, estabelecer uma ponte, representativa da salvação e permissão para continuar a evoluir na escolaridade da vida.

Buscando alternativas mais variáveis possíveis, chegou à conclusão que não havia outra solução mais viável, que não a de retornar pelo mesmo caminho, juntando todos fragmentos de sua cruz, refazendo-a, para a reconquista de sua ponte de liberação, rumo ao seu grande potencial de vida.

Quantas vezes em nossas vidas, aquilo que julgamos peso excessivo para nossos ombros feridos, são cargas preciosas de resgate e liberação!

Então disse Jesus a seus discípulos:
Se alguém quer vir após mim,
a si mesmo se negue,
tome a sua cruz e siga-me.

(Mateus, XVI, 24)

Para superar os precipícios da vida cada indivíduo tem que carregar sua própria cruz e não cortá-la!

3 – História do cavalo

Numa época bem antiga, em que os meios de comunicação e transportes eram escassos, um jovem ganhou um cavalo de raça. Na aldeia em que morava, muitos comentaram a sorte do rapaz, achando excelente o presente recebido. Entretanto, o pai do "felizardo", um senhor altamente espiritualizado, e tendo visão mais longínqua do futuro disse:

- Não sei se isso é bom ou mau!

Decorrido algum tempo esse cavalo desapareceu da redondeza, e por mais que o procurassem, não encontraram o animal. Novamente vieram os amigos, dizendo:

- Que lástima perder um cavalo tão saudável!

O pai do moço, mais uma vez com suas percepções realistas da vida, comentou:

- Não sei se foi bom ou se foi mau!

Quando menos se esperava, ressurgiu o cavalo trazendo consigo sete outros cavalos, sem que se encontrassem seus donos. Todos exclamaram, considerando a situação do moço que agora passava a ter oito cavalos.

Seu pai, reservado e sábio, contradizia a todos, usando o mesmo adágio:

- Não sei se foi bom ou se foi mau!

Certa ocasião, estava o jovem cavalgando com seu comentado cavalo e sofreu uma queda, fraturando a perna. O povo, com suas análises imediatistas, lamentava:

- Que pena, um rapaz tão saudável, e agora tem de ficar com a perna imobilizada por longo tempo!

Mais uma vez seu pai interveio:

- Não sei se foi bom ou mau!

Alguns dias se passaram, e o país deparou-se com uma guerra. Todos os jovens da aldeia foram convocados pelo exército, exceto os doentes, e, logicamente, o moço que estava com a perna fraturada. Enquanto os habitantes refletiam sobre todos acontecimentos acima, e já sabendo o refrão do sábio, disseram:

- Não sei se foi bom ou se foi mau!

Assim é a vida: aquilo que hoje achamos mau, amanhã pode ser bom, e vice-versa. As aparentes crises são meios estimulantes para a criatividade, carregando consigo uma oportunidade, nem sempre percebida, de superação das coisas já estabelecidas, para evoluírem.

Ouça o sábio e cresça em prudência;
e o entendido adquira habilidade
para entender provérbios e parábolas,
as palavras e enigmas dos sábios.
(Provérbios de Salomão, I, 5 e 6)

"Cada homem é o seu
absoluto legislador,
o dispensador da glória
ou das trevas para si próprio
e o decretador de sua vida,
recompensa e punição"

(Mabel Collins)

O homem é o X da questão,
é o problema e a solução!

"Homem, conhece-te a ti mesmo
e conhecerás os deuses e o universo"

REFERÊNCIAS BIBLIOGRÁFICAS

- ALGEO, John. *Investigando a Reencarnação,* Editora Teosófica, 1995.

- Autor Desconhecido *O Caibalion,* Editora Pensamento, 1997.

- BESANT, Annie. *A Vida Espiritual,* Editora Teosófica, 1992.

- BESANT, Annie. *Um Estudo Sobre o Carma,* Editora Pensamento, 1995.

- BESANT, Annie. *Um Estudo Sobre a Consciência,* Editora Pensamento, 1995.

- BLAVATSKY, H. P. *A Doutrina Secreta,* Editora Pensamento, 1980.

- BLAVATSKY, H. P. *Fundamentos da Filosofia Esotérica,* Editora Teosófica, 1991.

- BLAVATSKY, H. P. *Glossário Teosófico,* Editora Ground, 1991.

- BUDHANANDA, Swami. *O Poder da Vontade e Seu Desenvolvimento,* Editora Teosófica, 1997.

- CODD, Clara. *As Escolas de Mistérios,* Editora Teosófica 1998.

- COLLINS, Mabel. *Luz no Caminho,* Editora Teosófica, 1999.

- HANSON, V. e STEWART, R. *Karma – A Lei Universal da Harmonia,* Editora Pensamento, 1993.

- JINARAJADASA, C. *Fundamentos da Teosofia,* Editora Pensamento. Sem data.

- KAFATOS, Menos & KAFATOU, Thalia. *Consciência e Cosmos,* Editora Teosófica, 1994.

- KRISHNAMURTI, J. *Aos Pés do Mestre,* Editora Teosófica, 1999.

- LEADBEATER, C. W. *O Homem Visível e Invisível,* Editora Pensamento, 1995.

- MIRANDA, Hermínio C. *A Reencarnação na Bíblia,* Editora Pensamento, 1981.

- NICOLL, E. *A Lei de Ação e Reação,* Sociedade Teosófica no Brasil, Serviço de Difusão do Livro Teosófico.1960.

- NICHOLSON, Shirley. *A Vivência da Espiritualidade,* Editora Teosófica, 1996.

- OLIVEIRA, Pedro & LINDEMANN, Ricardo, *A Tradição-Sabedoria,* Editora Teosófica, 1993.

- PEARSON, E. Norman. *O Espaço, O Tempo E O Eu.* Editado por Carmem Penteado Piza, MST, 1 979.

- RIBEIRO, Anna Maria Costa. *Conhecimento da Astrologia,* Novo Milênio Editora, 1996.

- SASPORTAS, Howard. *As Doze Casas,* Editora Pensamento, 1998.

- TAIMNI, I. K. *Autocultura à Luz do Ocultismo,* Editora Teosófica, 1997.